BEI GRIN MACHT SICH IHR WISSEN BEZAHLT

- Wir veröffentlichen Ihre Hausarbeit, Bachelor- und Masterarbeit

- Ihr eigenes eBook und Buch - weltweit in allen wichtigen Shops

- Verdienen Sie an jedem Verkauf

Jetzt bei www.GRIN.com hochladen
und kostenlos publizieren

Anna Leiber

Wer prägt unser Wahlverhalten?

Zum Modell sozialer Netzwerke innerhalb der Wahlforschung

GRIN Verlag

Bibliografische Information der Deutschen Nationalbibliothek:

Die Deutsche Bibliothek verzeichnet diese Publikation in der Deutschen National-
bibliografie; detaillierte bibliografische Daten sind im Internet über http://dnb.d-
nb.de/ abrufbar.

Impressum:

Copyright © 2012 GRIN Verlag GmbH
Druck und Bindung: Books on Demand GmbH, Norderstedt Germany
ISBN: 978-3-656-54192-9

Dieses Buch bei GRIN:

http://www.grin.com/de/e-book/264447/wer-praegt-unser-wahlverhalten

GRIN - Your knowledge has value

Der GRIN Verlag publiziert seit 1998 wissenschaftliche Arbeiten von Studenten, Hochschullehrern und anderen Akademikern als eBook und gedrucktes Buch. Die Verlagswebsite www.grin.com ist die ideale Plattform zur Veröffentlichung von Hausarbeiten, Abschlussarbeiten, wissenschaftlichen Aufsätzen, Dissertationen und Fachbüchern.

Besuchen Sie uns im Internet:

http://www.grin.com/

http://www.facebook.com/grincom

http://www.twitter.com/grin_com

Wer prägt unser Wahlverhalten?

Zum Modell sozialer Netzwerke innerhalb der Wahlforschung

„Independent individuals arrive at choices and decisions as interactive participants in a socially imbedded process that depends on networks of communication among and between individuals with particular settings."

(Zuckerman 2005)

Seit den 1950er Jahren hat sich innerhalb der Wahlverhaltensforschung ein Teilbereich entwickelt, der noch heute von großer Bedeutung ist: der mikro-soziologische Untersuchungsansatz (Huckfeldt 2007: 104). Dabei fokussiert man gezielt die Frage, in welchem Maße öffentliche Kommunikation, gemeinschaftliche Interessenbildung sowie politische Partizipation die individuelle Wahlentscheidung beeinflussen. Um diesen komplexen Themenbereich angemessen analysieren zu können, haben Wissenschaftlerinnen und Wissenschaftler verschiedene Modelle entwickelt. In meinen folgenden Ausführungen widme ich mich einem dieser Modelle besonders aufmerksam - den sozialen Netzwerken. Dabei möchte ich zunächst kurz auf die theoretischen Hintergründe eingehen, auf die sich dieser Modellansatz stützt. Anschließend stelle ich die wesentlichen Annahmen hinsichtlich sozialer Netzwerke dar. Primär geht es dabei um autoregressive Effekte, ihre Entstehung sowie ihre Auswirkungen auf die Netzwerke. Zuletzt möchte ich die Frage beantworten, inwieweit mediale Nachrichten einen Einfluss auf die einzelnen Mitglieder eines sozialen Netzwerkes haben.

Das theoretische Fundament sozialer Netzwerksforschung bilden die Wahlanalysen der Columbia School. Die Forscher um Paul Lazarsfeld widmeten sich mit ihren Arbeiten erstmals der Individualdatenebene. Dabei untersuchten sie gezielt den Zusammenhang zwischen sozialen Bindungen einzelner Individuen und ihren persönlichen Wahlentscheidungen (Huckfeldt 2007: 101/102). Als Ergebnis ließen sich schließlich zwei signifikante Beobachtungen festhalten.

Individuen werden bei ihren Entscheidungen stark von ihrem direkten sozialen Umfeld geprägt. So bilden sich innerhalb eines langen sozialen Lernprozesses neben verschiedenen Interessen und Einstellungen auch politische Meinungen heraus (Zuckerman 2007: 634). Diesen Prozess bezeichnet man daher allgemein als „Social logic of politics" (Partheymüller/Schmitt-Beck 2011: 2).

1

Des Weiteren stellte Lazarsfeld fest, dass Individuen eng an ihre soziale Gruppe gebunden sind, und dass die gruppen-internen Beziehungen sowie Kommunikationswege das Wahlverhalten beeinflussen (Huckfeldt 2007: 100). Aus diesen Erkenntnissen hat sich das Modell sozialer Netzwerke entwickelt. Damit ist es möglich, komplexe soziale Strukturen zu analysieren. Außerdem hilft das Modell dabei, „mikro- und makro-soziologische Forschungsansätze zu verbinden" (Trezzini 1998: 378). Als soziales Netzwerk versteht man allgemein eine begrenzte Anzahl an Individuen und alle Beziehungen, die ausgehend von diesen Individuen festgelegt werden (Wasserman/Faust in Trezzini 1998: 379).

Zwischen den klassischen Gruppen-Vorstellungen der Columbia School und den sozialen Netzwerken lassen sich zwei wesentliche Unterschiede feststellen (Huckfeldt 2007: 101). Lazarsfeld und seine Kollegen gingen innerhalb ihrer Arbeit davon aus, dass es sich bei den sozialen Gruppen stets um homogene Netzwerke handelte (Huckfeldt et. al 2003: 2). Im Gegensatz dazu lassen sich innerhalb sozialer Netzwerke häufig Beziehungen finden, die durch Asymmetrie und fehlende Wechselhaftigkeit gekennzeichnet sind (Huckfeldt et. al 2003: 3).

Ein weiterer Unterschied liegt in der Annahme über die einzelnen Verbindungen innerhalb einer Gruppe oder eines Netzwerkes. Während die Columbia School darlegte, dass die gruppen-internen Verbindungen immer gleich stark sind, kann diese Stärke innerhalb sozialer Netzwerke deutlich variieren (Huckfeldt et. al 2003: 3). Wenn beispielsweise Person A mit Person B befreundet ist, so muss diese Freundschaft nicht zwangsläufig alle anderen Freundschaften der beiden Personen tangieren. Vielmehr können von jeder Person innerhalb eines sozialen Netzwerkes mehrere Freundeskreise ausgehen, deren Mitglieder wiederum nicht miteinander in Kontakt stehen.

Eine weitere Ansicht bezüglich sozialer Netzwerke, die sich aufgrund der umfassenden technischen, medialen und infrastrukturellen Entwicklungen manifestiert hat, betrifft die räumliche Ausbreitung. Im Gegensatz zu früheren Jahrzehnten sind soziale Interaktionen heute nicht mehr an geographische Gegebenheiten gebunden, Netzwerke können sich über die direkte Nachbarschaft hinweg ausdehnen (Huckfeldt et. al 2003: 9).

Um Phänomene feststellen zu können, die im Kontext sozialer Netzwerke auftreten, ist eine fundierte Analyse sehr wichtig. Die ersten wissenschaftlichen Netzwerk-Analysen zeichneten sich durch eine hohe Komplexität aus, welche Untersuchungen in einem größeren Feld nicht ermöglichen konnten. Aus diesem Grund entwickelten Wissenschafterinnen und Wissenschaftler den Ansatz des Ego-Zentrierten Netzwerkes. Dabei möchte man im Rahmen von Befragungen die Beziehungen einer Person (EGO) zu seinem sozialen Umfeld (ALTERI) untersuchen (Huckfeldt 2007: 104).

In einem ersten Schritt möchte man von Person A erfahren, mit welchen Personen sie in letzter Zeit besonders oft in Kontakt stand. Die angewandten Fragen bezeichnet man dabei als Namensgeneratoren (Huckfeldt 2007: 104). Um das Sample nicht zu groß werden zu lassen, gibt der Interviewer häufig eine bestimmte Anzahl an Personen vor. Anschließend ist es notwendig, genauere Informationen über die genannten Personen zu erhalten. Welchen Beruf üben sie aus? Über welche Themen diskutiert man miteinander? Welche politische Meinung vertreten sie? Derartige Fragen nennt man allgemein Namensinterpretatoren (Huckfeldt 2007: 105).

Mit Hilfe dieser Methode war es der Wissenschaft bis heute möglich, wichtige Erkenntnisse bezüglich sozialer Netzwerke und ihrer Bedeutung für die Wahlforschung zu erlangen. Besonders bedeutende Aspekte sind dabei einerseits die Unterscheidung zwischen homogenen und heterogenen Netzwerken sowie das Auftreten autoregressiver Effekte. Diese Themen möchte ich im folgenden Abschnitt näher erläutern.

In sozialen Netzwerken fungieren Menschen sowohl als Nachrichtenempfänger als auch als Nachrichtensender (Zuckerman 2007: 644). Meinungen werden geteilt, diskutiert und auf diese Weise ständig weiterentwickelt. Je intensiver dabei der Austausch zwischen den einzelnen Mitgliedern eines Netzwerkes ist, desto stärker ist auch der Einfluss auf den Prozess der politischen Kommunikation (Zuckerman 2007: 645).
Da Menschen bezüglich vieler Themen unterschiedliche Meinungen vertreten, kann sich die Kommunikation innerhalb sozialer Netzwerke oft durch eine große Varianz auszeichnen. Dabei hat sich herausgestellt, dass besonders enge Beziehungen einer Person (zu engen Verwandten, Ehepartnern, Familie, guten Freunden) im Hinblick auf den Umgang mit verschiedenen Meinungen eine wichtige Rolle spielen (Partheymüller/Schmitt-Beck 2011: 5).

Im Kontext derartiger Meinungsverschiedenheiten treten so genannte autoregressive Effekte auf. Abgeleitet aus dem Griechischen („autós" – selbst) sowie dem Lateinischen („regressio" – der Rückschritt, die Rückkehr) (Drodowski 1997: 65/418), beschreibt dieser

3

Begriff mehrere Phänomene eines sozialen Netzwerkes. Dabei geht es zum einen den Einigungsprozess zwischen verschiedenen Personen, zum anderen treten autoregressive Effekte auch bei der Informationssammlung der Personen auf. Um die Bedeutung dieser Phänomene genau erläutern zu können, sei folgende Situation gegeben:

Wenige Wochen vor einer Wahl kommunizieren Person A und Person B über die Spitzenkandidaten. Während Person A klar Herrn Müller favorisiert, bezieht Person B deutlich Position für Frau Meier. Die beiden Personen sind jeweils in soziale Netzwerke eingebunden. Da das Netzwerk, zu dessen festem Bestandteil Person A gehört, ebenfalls mehrheitlich für Herrn Müller ist, wird sich Person A in keinem Fall für Frau Meier entscheiden. Person B ist nicht in der Lage, einen entscheidenden Einfluss auszuüben; seine Meinung wird neutralisiert. Dies ist ein Beispiel eines autoregressiven Effektes (Partheymüller/Schmitt-Beck 2011: 7). Hätte Person B allerdings eine Position vertreten, die von mehreren Personen im Netzwerk um Person A geteilt worden wäre, so wäre sie dadurch in der Lage gewesen, mehr Einfluss auf Person A ausüben können (Huckfeldt 2007: 109). Im Dialog mit Person B vergewissert sich also sein Gesprächspartner stets der Meinung seines sozialen Netzwerkes.

Eine Einigung zwischen zwei Personen ist rückgekoppelt an die Meinungsverteilung innerhalb das gesamten sozialen Netzwerkes (Huckfeldt 2007: 109). Abhängig von den vorkommenden Positionen ist eine Übereinkunft zwischen Person A und Person B eher wahrscheinlich oder nicht (Huckfeldt 2007: 110). Auch hierbei handelt es sich um einen autoregressiven Effekt.

Die Mitglieder sozialer Netzwerke beziehen ihre Informationen von unterschiedlichen Quellen und bewerten sie im Kontext der vorherrschenden Meinungen. Im Zuge mehrerer Analysen haben Wissenschaftlerinnen und Wissenschaftler feststellen können, dass auch die Art der Informationsbewertung einem autoregressiven Muster folgt. So orientieren sich alle Personen bei der Bewertung neuer Informationen an bereits erhaltenen Informationen (Huckfeldt et. al 2003: 9). Je stärker neue Informationen mit bekannten übereinstimmen, desto stärker ist der Einfluss, den sie auf das soziale Netzwerk ausüben können (Huckfeldt et. al 2003: 1).

Autoregressive Effekte können auf die sozialen Netzwerke auf unterschiedliche Weise einwirken. Dies hängt allerdings stark von der Netzwerkstruktur ab. Zeichnet sich beispielsweise ein Netzwerk durch enge Beziehungen und einen festen Zusammenhalt aus, führen autoregressive Effekte zu einer wachsenden Homogenität (Huckfeldt 2007: 111). Bei einem nur schwach ausgeprägten Zusammenhaltsgefühl können autoregressive Effekte zu verstärkten Meinungsverschiedenheiten und gegensätzlichen Positionen führen (Huckfeldt 2007: 111). Zurückgreifend auf das Beispiel würde also Person A bei einem engverbundenen sozialen Netzwerk in seiner Meinung gestärkt werden und sich klar von Person B distanzieren. Hätte Person A im Gegensatz dazu keinen engen Kontakt zu dem sozialen Netzwerk, so könnte ihn Person B möglicherweise für eine neue Position gewinnen.

Die Beschaffenheit sozialer Netzwerke hat jedoch nicht nur Auswirkungen auf autoregressive Effekte. Ist Person A von Menschen umgeben, deren Meinungen sich durch eine starke Homogenität auszeichnen, so erleichtert dieses Netzwerk Personen mit gleichen Ansichten einerseits den Zugang zum sozialen Netz, andererseits wächst die Chance interpersoneller Einflüsse (Partheymüller/Schmitt-Beck 2011: 6).

Hin Hinblick auf soziale Netzwerke mit zahlreichen verschiedenen Meinungen und ihren Auswirkungen auf die politische Partizipation existieren zwei konträre Auffassungen. Ein Teil der Wissenschaftlerinnen und Wissenschaftler sieht eine starke Heterogenität als treibende Kraft für die politische Partizipation der Menschen (Huckfeldt 2007:111). Demgegenüber erklären einige Forschungsansätze, dass mit steigender Heterogenität weniger Menschen aktiv an der Politik partizipieren (Mutz/Martin 2001 in Huckfeldt 2007: 112).

Aufgrund der tiefgreifenden Entwicklungen innerhalb der Medienwelt und der wachsenden medialen Einflüsse auf politische Bereiche (Schmitt-Beck 2003: 234) hat sich die Wissenschaft in den letzten Jahren intensiv dem Zusammenspiel sozialer Netzwerke und der Medien gewidmet. Die bisherigen Erkenntnisse im Rahmen dieses Themas möchte ich nun abschließend darstellen.

Im Bezug auf soziale Netzwerke können die Medien als Äquivalent zu einer Person A gesehen werden, die im ständigen Kontakt zu Person B steht. Person B gehört dabei einem anderen sozialen Netzwerk an als Person A. Ebenso wie im Fall der autoregressiven Effekte, entscheidet auch hinsichtlich der Medien die Art des sozialen Netzwerkes darüber, inwieweit mediale Informationen die Kommunikation beeinflussen können. Der Einfluss darf allerdings nicht als starke Veränderung der vorherrschenden Meinung gesehen werden. Vielmehr geht es um die aktive Wahrnehmung der Nachrichten sowie den Effekt der Meinungsbestärkung.

Bei der Interaktion von homogenen Netzwerken und medialen Nachrichten können zwei Reaktionen festgestellt werden. Verbreiten die Medien eine Information, die zur vorherrschenden Meinung innerhalb eines sozialen Netzwerkes kongruent ist, wird diese positiv aufgenommen (Huckfeldt et. al 2003: 1). Stimmt eine mediale Meldung allerdings nicht mit der Auffassung eines Netzwerkes überein, so wird sie von allen Personen abgeblockt (Schmitt-Beck 2003: 237).

In heterogene Netzwerke, die sich allgemein durch eine Vielzahl an verschiedenen Meinungen auszeichnen, können mediale Inhalte leichten Zugang finden. Dabei spielt es keine Rolle, welche Nachricht sie kommunizieren oder welche politische Partei sie unterstützen (Schmitt-Beck 2003: 237). Die Inhalte werden als eine mögliche neue Meinung in das soziale Netz mit aufgenommen.

Fazit:
Menschen suchen sich ihre sozialen Netzwerke bezüglich ihrer Meinungen und Interessen. Dabei lassen sich permanent stattfindende Interaktionen zwischen einer einzelnen Person und dem gesamten Netzwerk feststellen. Das Individuum beeinflusst mit seiner Meinung das Kollektiv und das Kollektiv prägt die individuellen Auffassungen. Dieser Effekt tritt einerseits im Rahmen persönlicher Kommunikation, zum anderen im Umgang mit den Medien zum Vorschein. Auch hinsichtlich des politischen Verhaltens gewinnen Netzwerke somit eine bedeutende Rolle. Die Anzahl wissenschaftlicher Analysen bezüglich sozialer Netzwerke ist daher in den vergangenen Jahrzehnten stark gestiegen. Auch zukünftig wird dieser Bereich der Wahlforschung sicherlich aufmerksam untersucht werden, da er eine Kombination aus mikro- und makrosoziologischen Ansätzen ermöglicht (Trezzini 1998: 378).

Literaturverzeichnis

Drodowski, Günther (1997): Schülerduden Fremdwörterbuch. Herkunft und Bedeutung der Fremdwörter. Überarbeiteter Nachdruck der 3.Auflage. Mannheim: Dudenverlag, S. 65, 418.

Huckfeldt, R.R. (2007): Information, persuasion, and political communication networks. In: Dalton, R. J.; Klingemann, H.-D. (eds): The Oxford Handbook of Political Behavior. Oxford: Oxford University Press, pp. 100-117.

Huckfeldt, R.R. et. al (2003): Individuals, Dyads, and Networks. Autoregressive patterns of political influence, pp. 1-23. Online verfügbar unter: http://citeseerx.ist.psu.edu/viewdoc/summary?doi=10.1.1.197.2930.

Partheymüller, Julia; Schmitt-Beck, Rüdiger (2011): The „Social Logic" of Demobilization: Political discussant influence on turnout and abstention at the 2009 German General Election. Mannheim: University of Mannheim, pp. 1-17.

Serdült, Uwe (2002): Soziale Netzwerkanalyse: eine Methode zur Untersuchung von Beziehungen zwischen sozialen Akteuren. Online verfügbar unter: http://www.oezp.at/pdfs/2002-2-01.pdf.

Schmitt-Beck, R. (2003): Mass communication, personal communication and vote choice: The filter hypothesis of media influence in comparative perspective. In: British Journal of Political Science, 33 (2): 233-259.

Trezzini, Bruno (1998): Konzepte und Methoden der sozialwissenschaftlichen Netzwerkanalyse: Eine aktuelle Übersicht. In: Zeitschrift für Soziologie, Jg. 27, Heft 5, Oktober 1998, S. 378-394.

Zuckerman, Alan S. (2007): The social logic of political choice. Picking a party in the context of immediate social circles. In: Politische Vierteljahresschrift, 48 (4): 633-649.